AF339613

ÉLOGE

DE

M. ROULLET

DISCOURS DE RENTRÉE

PRONONCÉ

A L'OUVERTURE DES CONFÉRENCES DE L'ORDRE DES AVOCATS DE BORDEAUX

le 18 Janvier 1869

PAR

GEORGES CALMON

Avocat à la Cour impérial

BORDEAUX

IMPRIMERIE GÉNÉRALE D'ÉMILE CRUGY
16, rue et hôtel Saint-Siméon, 16
1869

ÉLOGE

DE

M. ROULLET

————◇————

Monsieur le Batonnier,

Messieurs et chers Confrères,

La grande famille du barreau sait conserver le souvenir de ses morts, et, pour perpétuer la mémoire des plus illustres, elle aime à fouiller chaque année le champ sacré où ils reposent.

Nous avons déjà payé à la plupart des gloires si nombreuses de notre ordre le tribut d'admiration qui leur était dû. Si quelques-uns de nos confrères n'ont point encore reçu nos publics hommages, il ne faut pas considérer comme un oubli ce qui n'est de notre part qu'une sage réserve.

M. Roullet est mort depuis vingt et un ans, et son

éloge n'a pas encore été prononcé. Il est temps de rompre ce silence.

Nommé premier président de la Cour royale de Bordeaux en 1830, M. Roullet a dirigé cette compagnie pendant dix-sept ans avec une rare distinction. Après l'éclat d'une aussi longue carrière, il semblait que nous ne dussions pas être les premiers à célébrer ses qualités élevées. Ne devions-nous pas craindre d'entendre prononcer dans une autre enceinte les louanges du confrère qui nous avait été ravi? Mais les magistrats savaient que M. Roullet, quoique premier président, était resté avec nous par le cœur, et qu'un avocat devait retracer cette vie dont le barreau peut à bon droit s'enorgueillir.

Charles-Aimé Roullet naquit à Jarnac (Charente), le 3 mai 1769, au sein d'une famille honorable et considérée. Quoiqu'il n'ait pas eu d'aïeux illustres, on ne peut pas dire de lui qu'il devait « composer seul toute sa race (1). » Son père, qui exerçait au Parlement de Bordeaux la profession d'avocat, avait déjà la réputation d'un jurisconsulte distingué, lorsqu'en 1770 il quitta son cabinet pour se livrer exclusivement à l'éducation de son fils. Sous cette direction intelligente et dévouée, le jeune Aimé Roullet acquit la pureté de principes et la délicatesse de sentiments qui font l'honnête homme, pendant qu'il était préparé

(1) La Bruyère, *Caractères*, chap. II, Du mérite personnel.

par de fortes études à l'avenir brillant que son intelligence précoce permettait d'entrevoir. A l'âge de quinze ans, il terminait ses classes. Lorsqu'il eut à faire le choix d'une carrière, il manifesta le désir d'entrer au barreau ; ses heureuses dispositions et l'exemple de son père l'appelaient, en effet, à la profession d'avocat. Son esprit se prêta facilement à l'étude du droit : en 1790, il était inscrit sur le tableau de notre ordre.

Les événements politiques devaient entraver ses débuts. Au ministère des avocats avait succédé celui des défenseurs officieux, et le législateur n'exigeait plus de ceux qu'il appelait des hommes de loi aucune justification d'honorabilité et de capacité. L'ancien barreau ne voulut pas avoir de relations avec des hommes d'une immoralité notoire; il aima mieux s'éloigner du palais, attendant pour y revenir que les orages révolutionnaires se fussent apaisés.

Mais une révolution qui devait bouleverser radicalement un ordre social assis depuis huit siècles, remuer hommes et choses, religion et richesses, institutions et propriétés, changer même l'esprit et le caractère de la nation, une telle révolution ne pouvait être qu'une lutte longue et terrible.

M. Roullet, comme les anciens, abandonna la barre.

Ses concitoyens, qui avaient déjà remarqué la maturité de son esprit, le chargèrent de représenter notre ville dans une circonstance mémorable.

L'Assemblée Constituante, forte de son nombre, de ses lumières, de sa puissance, de ses résolutions, avait conçu l'immense projet de régénérer la société en toutes ses parties. Cependant, la France avide de réaliser les bienfaits d'un nouvel état de choses qui n'avait produit jusqu'alors que des souffrances et de jouir enfin d'une « liberté dont la palme n'avait été arrosée que de sang et de larmes », la France hâtait de tous ses vœux la fin du provisoire, et, sans songer que les révolutions profitent rarement aux générations qui se dévouent à les faire, elle cherchait à unir tous les partis dans un même esprit de concorde et de patriotisme.

Le mois de juillet 1790 approchait; il y avait bientôt un an que la Bastille était prise, que la nation s'était emparée de tous les pouvoirs, et qu'elle prononçait ses volontés par l'Assemblée, les exécutait elle-même ou les faisait exécuter sous sa surveillance. Le 14 juillet était considéré comme le jour qui commençait une ère nouvelle : on résolut d'en célébrer l'anniversaire par une grande fête nationale.

Dans cette journée unique par l'enthousiasme universel qu'elle excita, tous les cœurs s'épanouissaient dans l'amour du bien public, on oublia le passé pour ne songer qu'à un avenir pur et brillant, et le Roi, l'Assemblée, la garde nationale, les fédérés des départements et quatre cent mille spectateurs réunis au Champ de Mars renouvelèrent le serment civique qui fut répété par toute la France.

Aimé Roullet, à peine âgé de 21 ans, assista, comme délégué de la ville de Bordeaux, à cette grande démonstration ; son confrère Lainé, qui devait être plus tard son ami, faisait aussi partie de la députation.

A son retour de Paris, Aimé Roullet se condamna à la solitude et au travail ; mais il fut enlevé à ses études par les exigences du service militaire.

Dans la Vendée, la Révolution avait blessé toutes les affections, froissé les croyances, détruit le repos et le bonheur des habitants. Les paysans ne comprenaient ni les théories nouvelles, ni l'opportunité des applications que la politique en voulait faire ; ils s'isolèrent d'abord du mouvement qui opérait une rénovation sociale, bientôt ils s'insurgèrent contre lui à l'instigation du clergé et de l'aristocratie de leur province. — Des troubles fréquents avaient déjà éclaté, ils s'étaient apaisés d'eux-mêmes : mais la levée des trois cent mille hommes décrétée par la Convention nationale décida un soulèvement général.

M. Roullet, qui avait été incorporé dans la cavalerie, assista alors à plusieurs batailles.

A la Châtaigneraie, les Vendéens avaient remporté une victoire. Au moment de la retraite, notre jeune soldat entendit des gémissements qui paraissaient sortir d'un fossé bordant le chemin : il s'approcha. Effarée et tremblante, une jeune fille implorait sa pitié et demandait à être reconduite auprès de ses parents. Roullet ne s'arrêta pas à considérer quels terribles dangers l'entouraient. Il n'écouta que l'élan de son cœur, fit monter cette jeune fille sur son cheval et la ramena dans sa famille. Elle ne savait comment témoigner sa reconnaissance à son sauveur : elle lui donna, en souvenir de son généreux dévouement, une bague, le seul bien qu'elle possédât.

Ce trait, que je n'ai pas cru pouvoir omettre, n'est-il pas la marque d'un grand cœur uni à un grand esprit?

A l'issue de la campagne de Vendée, M. Roullet entra dans l'administration des vivres. Cette carrière ne pouvait convenir à ses goûts; aussi résigna-t-il bien vite des fonctions qu'il avait occupées assez longtemps pour faire apprécier son extrême délicatesse. Il revint alors à Bordeaux.

M. Roullet n'avait jamais eu d'autre ambition que celle d'être avocat : il espérait que personne ne s'opposerait à la réalisation de ses désirs. Cependant, il eut à lutter contre les tendances de certains membres de sa famille qui semblaient vouloir l'éloigner du barreau. Un de ses cousins, le lieutenant-général Durepaire, lui promettait dans l'armée un avancement rapide. Mais il pensait, avec raison, selon nous, qu'il était né plutôt pour les luttes oratoires que pour les luttes sanglantes; il avait vu de trop près les malheurs de la guerre, et la gloire militaire lui apparaissait ternie par trop d'horreurs. Il croyait meilleur de travailler pour ses semblables que de s'appliquer à les détruire.

Le gouvernement du 18 brumaire an VIII avait rendu à la France la justice et les lois ; les avocats sortaient de leur retraite pour revenir au Palais : M. Roullet dut prendre une détermination.

Un de ces événements qui décident souvent de notre avenir mit fin à ses hésitations. Dans des entrevues fréquentes, M. Roullet avait appris à connaître les charmantes qualités et le rare mérite d'une jeune fille, Mlle Dubouilh : il demanda sa main et eut le bonheur de l'obtenir. Cette alliance, conclue sous d'heureux auspices, ne démentit aucune espérance.

M. Roullet venait d'entrer dans une famille de jurisconsulte ; son beau-père était avocat, et M. Dubouilh, grand-père de sa femme, avait rempli trois fois les fonctions de jurat de la ville de Bordeaux. Ces traditions et le souvenir de son père suffisaient pour l'attacher définitivement au barreau.

Notre ordre resplendissait d'un grand éclat. La tempête n'avait pas tout englouti ; les Girondins en succombant avaient laissé de dignes successeurs.

On remarquait d'abord Martignac père, surnommé par ses confrères l'Aigle du barreau de Bordeaux, légiste éminent dont la renommée semble effacée par celle de son fils ;

Guillaume Brochon, célèbre par sa vaste érudition ;

Denucé, écrivain plutôt qu'orateur, qui savait allier à une profonde connaissance des lois un goût passionné pour les lettres ;

Derrière ces illustrations de l'ancien barreau, grandissait cette pléiade d'orateurs qui devait faire dire un jour à Louis XVIII : « Si je n'étais roi de France, je voudrais être avocat à Bordeaux. »

C'était Ferrère, dont la parole attachait tous les esprits, entraînait tous les cœurs ;

Lainé, qui semblait avoir le privilége des traits de génie ;

Ravez, proclamé l'oracle du droit dans le Midi ;

Martignac fils, dont l'éloquence, pour me servir de l'expression de M. de Cormenin, avait l'harmonie et la douceur d'une lyre ;

Peyronnet, cet orateur à la parole mordante et ironique ;

De Saget, esprit souple et distingué qui, suivant les circonstances diverses, savait atteindre les hauteurs de la véritable éloquence ou se tenir dans les limites d'une attrayante simplicité ;

Enfin, Louis Brochon, cette vive intelligence qui s'était fait un jeu des difficultés de la science du droit.

M. Roullet dut successivement se mesurer avec ces gloires de notre ordre, et, dès ses débuts, il prouva qu'il serait un adversaire redoutable.

Sa première cause le signala à l'attention générale.

Chargé de la défense d'un prêtre dans un procès politique, et à une époque où les passions étaient vivement surexcitées, il obtint l'acquittement de son client grâce à un plaidoyer dont on admira l'habileté et l'éloquence (1).

Mais M. Roullet ne s'attacha pas à acquérir au barreau le renom d'un orateur; son esprit vigoureux et méthodique était merveilleusement apte aux discussions des thèses juridiques, il s'adonna plus spécialement à l'étude du droit et à son langage austère.

Tout jeune encore, il plaide les plus grands procès. Faut-il soutenir les intérêts d'une femme qui demande son divorce? M. Roullet est prêt. Avec quelle force il attaque le mari! Avec quel ordre il groupe tous les faits en un faisceau qui doit accabler l'adversaire! Le plaidoyer qu'il prononça dans cette cause, remarquable par la solidité de l'argumentation et la fermeté du langage, valut à son auteur les félicitations de ses anciens.

M. Roullet ne se crut pas autorisé par ses premiers succès à modérer son zèle et son ardeur pour l'étude; il comprenait que notre profession est de celles qui exigent un travail opiniâtre, et il était persuadé, avec d'Aguesseau, qu'il n'y a pas de réussite possible sans une claustration volontaire de plusieurs années.

« La fonction de l'avocat, dit La Bruyère, est pénible,

(1) Procès de l'abbé Mascar.

laborieuse, et suppose, dans celui qui l'exerce, un riche fonds et de grandes ressources. »

Quelle est, en effet, la profession qui nécessite à un plus haut degré que la nôtre des connaissances universelles? Que de questions diverses un avocat n'a-t-il pas à traiter! Que de travaux sans cesse renaissants! Quand, après avoir parlé en un même jour, devant ses juges, de différentes affaires, il rentre chez lui, « sa maison, ajoute l'auteur des *Caractères*, n'est pas pour lui un lieu de repos et de retraite, ni un asile contre les plaideurs; elle est ouverte à tous ceux qui viennent l'accabler de leurs questions et de leurs doutes. Il se délasse d'un long discours par de plus longs écrits; il ne fait que changer de travaux et de fatigues; j'ose dire qu'il est, dans son genre, ce qu'étaient dans le leur les premiers hommes apostoliques (1). »

C'est ainsi que M. Roullet comprenait le rôle de l'avocat : c'est ainsi qu'il l'a rempli.

Tous les procès étaient, de sa part, l'objet de soins minutieux. Il pensait que nul discours ne pouvait se « passer de préparation et d'étude », et il considérait que se fier aux hasards de l'improvisation était « une suprême irré-» vérence vis-à-vis des auditeurs, en même temps que » pour lui une dangereuse témérité (2). » Recueillant

(1) La Bruyère, *Caractères*, chap. xv, De la chaire.

(2) Jules Favre, Discours du bâtonnat.

toutes les forces de son esprit, il élaborait les idées, les faits et les autorités; puis, il écrivait. Le jour de l'audience venu, il soutenait les intérêts de ses clients avec une grande énergie, et renversait par la puissance de sa logique les arguments de son adversaire.

Pour aider le juge dans sa délibération, M. Roullet déposait entre ses mains une publication qui était le résumé de sa plaidoirie. Il est demeuré sans rival dans la rédaction du mémoire; il y parle admirablement le langage du droit, et son style simple, souvent nerveux, fuit la recherche et l'emphase pour ne s'attacher qu'à la précision.

A la science du droit, à la rectitude du jugement, au génie du jurisconsulte, il alliait le caractère de l'honnête homme. L'office de conciliateur était, à son sens, l'exercice le plus noble et le plus élevé de la profession. S'arrogeant une sorte de magistrature privée, il s'employait volontiers à terminer toutes les contestations qui prenaient leur source moins dans un désir sincère de justice que dans l'obscurité de la loi ou dans l'aveugle opiniâtreté des parties, et il ne les laissait pas s'aventurer témérairement dans le dédale ruineux de la procédure. Son désintéressement était connu de tous. Le pauvre comme le riche avait accès auprès de lui; tous les deux il les traitait avec une égale bienveillance.

L'appui de sa parole était assuré à toutes les infortunes.

Cependant des préventions irréfléchies ont essayé, sous ce dernier rapport, de diminuer le caractère de M. Roullet.

Les frères Fauché, accusés, après le second retour du roi Louis XVIII, de s'être rendus coupables d'un attentat armé contre son gouvernement, avaient été condamnés par le conseil de guerre siégeant à Bordeaux.

Il s'est trouvé des publicistes qui ont reproché à M. Roullet d'avoir décliné la défense des frères Fauché. Faudra-t-il donner quelque crédit à leur allégation, quand personne au sein de ce barreau, non plus que dans la famille Fauché, n'a jamais songé à articuler ce grief contre notre ancien? Si quelques-uns de nos confrères n'ont pas cru devoir accepter cette défense, il ne faut voir dans leur refus qu'un scrupule honorable. Au civil comme au criminel, l'avocat garde son indépendance et la responsabilité de sa parole; en acceptant une cause vers laquelle il ne se sent pas poussé par ses convictions, il peut craindre de l'affaiblir et de compromettre le sort d'un accusé qui lui a confié sa vie quelquefois, et toujours sa liberté. Cette considération peut seule arrêter l'avocat dans l'accomplissement de son ministère. Mais qu'on ne dise pas que des ordres de l'autorité ont empêché la défense des frères Fauché. Quelle est l'autorité qui peut imposer sa volonté à l'avocat? L'avocat ne relève que de sa conscience, c'est d'elle qu'il s'inspire; dédaigneux de la faveur, il ne répond jamais par la docilité aux injonctions d'un pouvoir auquel il ne doit rien.

Au surplus, nous avons cherché vainement le nom de M. Roullet dans la correspondance des frères Fauché pendant leur détention au Fort-du-Hâ ; et, quand surgit un procès qui présente une grande analogie avec le procès des frères Fauché, je veux parler de la conspiration Randon, il affirma hautement son indépendance en acceptant la défense de plusieurs accusés.

Des hommes, sans autre lien de rapprochement que leur haine commune contre le souverain, avaient conçu le projet de renverser le gouvernement royal et de replacer la France sous la domination de Napoléon.

C'est à Bordeaux qu'était placé le foyer de la conspiration.

C'est dans notre ville que devait éclater le premier mouvement.

Le plan des conspirateurs était de réunir par une association secrète les mécontents, les ennemis du gouvernement des Bourbons, les partisans de Napoléon, et de former, en diverses autres parties du royaume, des sociétés animées des mêmes sentiments dont les opérations se combineraient avec celles des conjurés de Bordeaux. On devait organiser une armée prête à agir dans l'intérieur au moment où une puissance étrangère déclarerait la guerre à la France, recomposer toutes les autorités civiles et militaires d'hommes dévoués au parti, et rétablir le pouvoir suprême dans les mains de Napoléon ou de son fils. Toutes les bases de ce plan étaient arrêtées; déjà les mesures d'exécution se pressaient avec activité, lorsque les conspirateurs furent découverts et placés entre les mains de la justice.

C'est à la Cour d'assises de la Gironde qu'il appartenait de juger les auteurs de ce complot. M. Roullet assista devant le jury trois accusés qui l'avaient choisi pour défenseur : il fit acquitter deux de ses clients ; moins heureux pour le troisième, il eut la douleur d'entendre prononcer contre lui la peine capitale. Devoir bien rude de notre profession, que celui qui nous oblige à assister un accusé dans ces tristes moments et à déplorer la stérilité de nos efforts!

Cette condamnation, quoique prévue, porta un coup terrible à Roullet. La nature de son talent ne l'appelait pas à la Cour d'assises ; aussi il ne reparut plus devant cette juridiction.

Son admirable bon sens le dirigea alors vers l'étude d'une des parties du droit qui semblait convenir davantage à son esprit : il se fit une spécialité des affaires commerciales. La lucidité de son intelligence et la sûreté de sa mémoire lui rendaient faciles ces affaires qui sont les plus délicates et les plus compliquées de toutes. Les grands intérêts commerciaux de notre ville lui furent confiés : le juge était heureux de voir à sa barre M. Roullet, qui était pour lui un guide aussi sûr qu'il avait été pour le client un utile conseil. Ses plaidoyers sont des modèles de dialectique et d'érudition dans lesquels l'avocat aborde de front les questions les plus ardues, sait répandre sur elles la clarté et captiver toujours l'attention de ses auditeurs.

Dans son cabinet, encore plus qu'à l'audience, M. Roullet donnait sans cesse des preuves d'une vive conception. Il fut un des avocats consultants les plus estimés de son époque. Ses doctes avis étaient recherchés, car il saisissait la vérité avec une sagacité rapide et sûre, et prévoyait à l'avance les objections qui pourraient être faites.

Il suffit de lire ses consultations pour apprécier l'autorité qui devait s'y attacher.

Son profond savoir et l'honorabilité reconnue de son caractère lui firent décerner deux fois les honneurs du bâtonnat. Il exerça ces importantes fonctions avec une grande fermeté. Notre ordre venait de se reconstituer ; il était indispensable de purger le temple de la justice de certains abus que les défenseurs officieux y avaient introduits. M. Roullet comprenait la nécessité d'une discipline sévère dans une compagnie qui devait se maintenir à l'abri des préventions, et il veillait à l'exécution rigoureuse de nos règlements.

En dehors de notre ordre, il fut l'objet d'une distinction bien flatteuse. Le gouvernement du Roi le nomma, en 1821, chevalier de la Légion d'honneur. Chose rare ! l'intrigue était étrangère à ce choix, on récompensait le mérite.

Ce ne fut pas seulement au Palais que M. Roullet

appliqua sa remarquable intelligence : élu membre du Conseil municipal, il concourut avec un dévouement éclairé à l'administration de notre cité. Son zèle suffisait à tous ses devoirs; sa nombreuse clientèle ne l'empêchait pas de surveiller les intérêts de ses concitoyens. Il soutenait également ces intérêts devant le Tribunal, car il était l'avocat de la ville.

Son plaidoyer dans un procès suscité à la municipalité bordelaise par un sieur La Jaubertie, directeur du théâtre, est un chef-d'œuvre de discussion; on y remarque une vaste érudition et cette lucidité de critique qui distingue le jurisconsulte.

Dans une vie si noblement et si diversement occupée, M. Roullet avait l'art de se créer des loisirs qu'il consacrait aux lettres.

Dès sa jeunesse, il avait commencé à former une bibliothèque, collection des plus riches et des plus complètes où l'on retrouvait les trésors de la littérature ancienne et moderne. Il était attiré vers ces lectures par un goût éclairé et délicat; « il revenait toujours aux anciens : là, en effet, est la forte substance, la vraie nourriture des âmes d'élite. Nul siècle n'a su rendre le beau, le vrai, l'éternel avec la grandeur et la simplicité qui éclatent dans les œuvres des anciens (1). »

M. Roullet aimait cette heureuse alliance du barreau et

(1) Jules Favre, Discours du bâtonnat.

des lettres, qui rappelle, comme on l'a dit avant nous (1),
les loisirs de Cicéron et les vacances de d'Aguesseau.

Les beaux-arts avaient en lui un appréciateur distingué. Ses appartements, semblables à un riche musée,
renfermaient des tableaux et des gravures qui révélaient
chez M. Roullet un sens profondément artistique. C'était
avec plaisir que parfois il détournait ses regards de
Bartole et de Cujas pour distraire son esprit par la vue
de quelques sujets gracieux et pittoresques.

Ses nombreux travaux tenaient M. Roullet éloigné des
plaisirs mondains, il fréquentait seulement quelqus amis,
parmi lesquels se trouvaient Ferrère et Lainé : son respect pour ses deux grands confrères allait jusqu'à la
vénération. De leur côté, Lainé et Ferrère savaient
apprécier le caractère de M. Roullet; le fait suivant en
est la preuve.

Un plaideur avait confié sa cause à M. Roullet qui, après
examen, ne crut pas devoir s'en charger; Lainé, sollicité
de plaider, refusa parce que M. Roullet avait refusé. Ce
plaideur se rendit alors chez Ferrère, et celui-ci ne voulut
pas se charger de soutenir ses intérêts sans connaître le
motif qui avait arrêté M. Roullet, et il lui écrit : « Si tes
» raisons sont tellement puissantes qu'elles te fassent
» persister dans ton refus, m'autorises-tu à prendre ta
» place ou le trouverais-tu mauvais ? Je connais ton carac-

(1) M. Sauzet, Éloge de M. Ravez.

» tère franc mais réservé, j'espère que tu sais lire aussi
» dans mon cœur; à Dieu ne plaise que par ma faute
» il pût exister le moindre nuage sur la haute estime et
» la sincère amitié que je te porte. J'attends ta réponse,
» qui dictera celle que je dois faire. »

Quelle délicatesse, en même temps quelle déférence
et quelle douce confraternité! M. Roullet savait inspirer
ces sentiments à tous ses confrères, tant la loyauté de
son caractère était appréciée.

Il aimait à rendre service. Un stagiaire avait-il besoin
d'un conseil? M. Roullet était heureux de pouvoir mettre
à sa disposition les richesses de son esprit.

Il faisait une conférence à quelques jeunes avocats
dont les brillants débuts permettaient de présager les
succès de l'avenir. Les uns sont arrivés aux plus hautes
dignités de la magistrature; les autres, préférant leur
indépendance, sont restés au barreau pour en devenir
les plus purs ornements.

Charles X aurait voulu rattacher M. Roullet à son
gouvernement : il lui fit offrir une position élevée au
Parquet de Bordeaux. Notre confrère n'accepta pas cet
honneur. — Enfant du tiers-état, franchement libéral,
il abhorrait le despotisme et il avait salué l'avénement
de Louis XVIII comme l'aurore de la liberté; mais, plus
tard, il fut effrayé de la légèreté avec laquelle la Restauration parut menacer la liberté de conscience et provoquer
à un combat mortel tous les amis de la libre pensée

en prenant trop généreusement à son compte tous les torts de l'Église catholique, dans le passé comme dans le présent, tandis qu'elle semblait refuser à tous les autres cultes sa tolérance ou son appui. Ces tendances avaient fait de M. Roullet un ennemi de la Restauration, mais un ennemi honnête et sincère.

On avait pu espérer un instant que le Roi suivrait les inspirations d'un ministère libéral, dont Martignac était le chef; mais il n'adoptait qu'avec répugnance les mesures que lui proposait ce cabinet. Après la session des Chambres de 1829, il s'empressa de le congédier et appela aux affaires M. de Polignac. Par ce changement, la nation se vit menacée d'une contre-révolution et se prépara à la lutte. La Chambre des députés, voulant se rendre l'écho des préoccupations du pays, déclara au Roi, par le vote célèbre des Deux cent vingt et un, que son ministère était menaçant pour les libertés publiques. Charles X répondit en prononçant la dissolution de la Chambre.

La lutte électorale fut très-vive dans toute la France; Bordeaux entra avec ardeur dans le mouvement.

M. du Hamel, maire de la ville, faisait partie des cent quatre-vingt-un députés qui avaient donné leur approbation aux vues politiques du Roi. Roullet, par principe, était hostile à sa candidature; il vota contre lui. — Quel ne dut pas être son étonnement lorsqu'au lendemain des élections, il reçut une lettre signée du maire lui annonçant qu'il ne serait plus le conseil de la ville, et que « sa conduite électorale » avait seule provoqué cette décision !

La réponse de M. Roullet doit trouver ici sa place, car elle contient le plus bel éloge qu'on puisse faire de son caractère :

« Bordeaux, 27 juin 1830.

» Monsieur,

» Votre lettre de ce jour, que je viens de recevoir, m'annonce » que vous avez pris un arrêté qui nomme M. Chancel avocat de » la ville.

» La clientèle de la ville, quelque honorable qu'elle soit, est » tout à fait libre de la part de l'Administration, ainsi que de la » part de l'avocat. En votre qualité de maire, vous avez usé de » votre droit en choisissant un autre défenseur, de même que j'ai » usé des miens lorsque j'ai refusé de défendre des actes qui ne me » paraissaient pas légitimes. Sous ce rapport, je n'aurais rien à » vous dire, mais vous avez cru nécessaire d'ajouter à votre déter-» mination des motifs que je ne dois pas laisser passer sans ré-» ponse.

» Votre lettre contient le passage suivant : — Ce parti, que j'au-» rais peut-être dû prendre depuis longtemps, m'a été commandé » par l'opposition hostile et permanente dans laquelle vous vous » êtes volontairement placé envers le gouvernement du Roi, et qui » s'est plus ouvertement manifestée encore par votre conduite » électorale. —

» Ainsi, Monsieur, c'est ma conduite politique et mon vote » électoral qui ont déterminé le parti *que vous avez pris et que*

» *vous auriez dû prendre depuis longtemps.* Au résultat, c'est
» pour avoir voté selon ma conscience et pour avoir été fidèle à
» mes principes que vous jugez à propos de choisir pour la ville
» un autre avocat. J'éprouve un véritable regret à vous le dire,
» mais je tiens à honneur le motif qui vous a déterminé, et je me
» croirais indigne de la profession à laquelle j'ai consacré mon
» existence, si j'avais pu fléchir sous une pareille considéra-
» tion.

» J'ai soixante ans passés ; j'ai traversé la Révolution, dégagé
» d'ambition, pur et sans tache, et non pas sans péril. Aux jours
» de la Restauration, je suis resté sujet fidèle, je pourrais dire
» courageux et sincère ami de la liberté. Avec de pareils senti-
» ments, je n'ai pas été, je n'ai pas pu être hostile au gouverne-
» ment du Roi. Des hommes avec lesquels je parcourus longtemps
» la même carrière ont été successivement élevés à de hautes
» fonctions et à de grands honneurs. Si, comme citoyen libre,
» j'ai parfois discuté ou désapprouvé leurs actes politiques, je n'ai
» jamais cédé à l'impulsion des passions qui se sont agitées autour
» d'eux ; j'ai conservé l'amitié de quelques-uns, et j'ai l'intime
» conviction de n'avoir donné à aucun le prétexte de me refuser
» son estime. Mais quelque déférence que doivent m'inspirer les
» affections d'une ancienne confraternité, dans aucune circons-
» tance je ne lui ai fait le sacrifice de mes principes. Je suis resté
» libre de toute espèce d'influence.

» Ma conduite électorale a été conforme à celle de toute ma vie ;
» elle a été franche, indépendante et désintéressée. Je n'accorde
» à personne le droit d'influencer mon vote, et moins à vous,
» Monsieur, qu'à tout autre, puisqu'à la précédente élection, je
» vous ai refusé mon suffrage, et que, dès lors, vous êtes un

» mauvais juge de ma conduite. Un vote électoral est une affaire
» de conscience ; j'ai voté en honnête homme , dans l'intérêt du
» Roi et de mon pays. J'en prends à témoin celui qui a bien voulu
» me douer d'une raison saine et d'un cœur droit pour diriger mes
» actions. C'est dans ces sentiments , etc., etc. »

En présence de sentiments si noblement exprimés, on doit s'abstenir de tout commentaire.

M. Roullet fut peu affligé de la perte de cette clientèle administrative, le témoignage de sa conscience par avance l'avait consolé.

Peu de temps après cette disgrâce, l'élite de la cité lui donna un gage de son estime. Les nouvelles élections avaient renvoyé à la Chambre les Deux cent vingt et un avec plusieurs autres libéraux. C'est alors que le Roi fit son coup d'État en publiant les ordonnances qui détruisaient en réalité toute la Constitution. Paris se révolta : la province suivit son exemple. A Bordeaux, des citoyens courageux organisèrent une commission provisoire qui devait arrêter dans la ville l'exécution des fatales ordonnances et des mesures édictées sans souci de la liberté des citoyens et du respect de leurs propriétés : M. Roullet fut nommé d'une voix unanime président de cette commission.

Plus tard, lorsque le duc d'Orléans monta sur le trône, notre confrère fut chargé, avec deux de ses collègues de la commission provisoire, de présenter au Roi l'adresse par laquelle la ville de Bordeaux adhérait aux événements de Paris.

La Révolution de 1830 était le triomphe des idées libérales; le gouvernement qui en sortait réalisait les vœux de M. Roullet, aussi ne sera-t-on pas surpris de le voir accepter une position de président de chambre à la Cour de Bordeaux, alors qu'il avait décliné sous la Restauration les honneurs de la magistrature. Cette nouvelle dignité était d'autant plus chère à M. Roullet que le gouvernement avait fait son choix spontanément et en dehors de toute influence.

La présidence de chambre devait conduire notre confrère à une plus haute situation.

La royauté nouvelle, qui se montra toujours si modérée dans l'exercice du pouvoir, avait respecté l'inamovibilité de la magistrature; seulement, elle exigeait un serment. M. Ravez était alors Premier Président de la Cour de Bordeaux, il aurait pu conserver cette éminente dignité; mais, comme l'a dit M. Sauzet (1), M. Ravez n'entendit pas que son fauteuil fût plus inamovible que le trône; il tenait tout du Roi et ne voulait rien garder quand le monarque avait tout perdu. Personne ne saurait blâmer cette religion politique, les exemples en sont rares, et cette fidélité, cette constance ne se rencontrent que chez les âmes d'élite et font les grands citoyens.

(1) M. Sauzet, Éloge de M. Ravez.

Qui n'a pas admiré, chez l'illustre confrère dont la mort vient d'être comme un deuil national, cette fidélité antique sous laquelle il a abrité pendant tant d'années ses regrets, ses espérances, sa résignation calme et patiente?

Ne doit-on pas préférer de tels exemples à la pratique de ces hommes qui, après avoir acquis par leurs talents des droits légitimes à l'admiration de leurs contemporains, ont renié leur passé et leurs affections pour servir leurs rêves ambitieux?

S'inspirant de ces sentiments de droiture et de fidélité à ses convictions, M. Ravez refusa de prêter un serment qu'il ne considérait pas comme une vaine formalité, et M. Roullet fut nommé en son remplacement. Cette haute distinction est un hommage éclatant rendu à notre profession, une récompense accordée au barreau, dépositaire et zélé défenseur des doctrines constitutionnelles. Louis-Philippe consacrait, ainsi que l'avait fait Charles X pour M. Ravez, l'alliance déjà ancienne du barreau et de la magistrature. Les Séguier, les Pasquier et les Lamoignon n'avaient-ils pas, en effet, jeté un grand éclat sur la profession d'avocat avant d'apporter au Parlement des trésors de savoir et d'expérience?

Notre ordre, qui perdait en M. Roullet une de ses lumières, put porter moins envie à la Cour de Bordeaux, puisque M. Ravez revenait dans nos rangs. Le barreau servait une fois de plus de port de refuge à une illustre victime des variations de l'atmosphère politique. Cependant M. Ravez ne considérait pas, pour me servir d'une comparaison de M. Pinard, le barreau comme un vaste hôpital à l'usage de tous les partis, à la porte duquel on frappe humblement quand on est malade, en s'efforçant d'en sortir bien vite dès qu'on est guéri. Il reprenait sa place dans notre ordre avec l'intention de ne plus se séparer de nous.

Quant à M. Roullet, il entrait dans la magistrature à une époque où elle avait proclamé son indépendance; c'est alors qu'un premier président, sollicité dans un intérêt politique d'éluder un texte de loi, répondait avec dignité : « La Cour rend des arrêts et non pas des services. » La magistrature était respectée, personne n'aurait osé élever le moindre soupçon sur l'intégrité de ses membres. On ne cherchait pas à la tirer de son domaine naturel en lui attribuant un pouvoir politique considérable qui pouvait exciter autour d'elle soit un enthousiasme, soit une aversion, bien différents tous deux de la calme et tranquille estime que son véritable rôle est d'inspirer.

M. Roullet tenait à maintenir dans sa compagnie cet esprit d'indépendance qui commande la confiance et le respect. Il était dévoué au Roi, mais jamais ce dévouement ne le mena à l'oubli de ses devoirs.

Son élévation subite n'avait rien changé à son caractère; il se rappelait avec plaisir qu'il avait appartenu au barreau, et il professait pour notre ordre des sentiments d'estime et de confiance affectueuses. Il aimait à se retrouver au milieu de ses confrères : quelquefois il les réunissait à sa table, et toujours il les conviait à ses réceptions hebdomadaires. Nos anciens vous parleront de l'accueil cordial de M. Roullet et de la grâce exquise avec laquelle il faisait les honneurs de son salon.

Cette grande bienveillance n'empêchait pas le Premier Président d'user de fermeté lorsque les circonstances l'exigeaient : il honorait le barreau, mais il voulait que le barreau respectât la magistrature.

M. Roullet avait su conquérir parmi ses collègues une influence considérable, et les ambitions déçues n'osèrent pas critiquer une nomination que justifiait le talent. Il succédait à un jurisconsulte dont les arrêts avaient donné à la Cour de Bordeaux un caractère d'autorité bientôt accepté par toutes les Cours de France : personne ne sera surpris quand je dirai que M. Roullet conserva à sa compagnie le rang que lui avait assigné son illustre prédécesseur. Ses arrêts, toujours empreints d'une érudition profonde, se font remarquer par un style clair et concis; il possédait cette ampleur de vue et ce discernement magistral nécessaires pour juger les grandes questions.

Notre ancien confrère montra, dans la présidence du Conseil général de la Gironde, les qualités qui le distinguaient sur le siége du magistrat. Au sein de cette assemblée, on se plaisait à écouter sa parole autorisée et à suivre ses sages conseils; c'est lui qui détermina, après une vive discussion, le vote favorable à la construction de ce palais. Il inaugura ce monument, à l'édification duquel il avait si puissamment contribué, mais ce fut le dernier acte solennel de sa première présidence.

Dès le commencement de l'année 1847, M. Roullet sentit les premières atteintes d'un mal inexorable qui laissait pressentir une fin prochaine. Il vit arriver le moment suprême avec le calme et la résignation d'un chrétien : le 29 juillet 1847, il rendait le dernier soupir.

Telle a été la vie de M. Roullet que je devais vous raconter pour obéir à un choix trop flatteur. Je sens combien je suis resté inférieur à mon sujet, combien aussi j'ai abusé de votre bienveillance.

Quoi qu'il en soit, nous pouvons puiser dans la vie du confrère distingué et du magistrat éminent de précieux enseignements.

Lorsque de tels exemples nous sont offerts, n'est-ce pas pour nous un puissant encouragement à bien faire ? n'est-ce pas l'indication de la voie que nous devons suivre ? Sans doute il n'est pas donné à tous d'atteindre de pareils modèles ; mais la jeunesse quelquefois ambitieuse, souvent présomptueuse, place haut ses visées. Elle a raison, chers confrères du stage. Notre ambition, disons-le avec une des célébrités du barreau français (1), doit

(1) Jules Favre, Discours du bâtonnat.

aller « jusqu'à la gloire de laisser un grand nom en
» l'associant, par le dévouement et l'éloquence, à la plus
» belle des œuvres sociales, à la défense continuelle et
» persévérante du droit. »

Si nous voulions remuer les cendres de nos morts,
nous serions effrayés du poids de l'héritage qu'ils nous
ont légué. Ne nous abandonnons pas au découragement;
apprenons à élever nos âmes et à nous rendre dignes
de nos illustres devanciers. Plus difficile est la tâche,
plus grand est l'honneur. Ainsi que dans les familles
anciennes, conservons précieusement les traditions de
nos aïeux : le jour où notre mémoire sera interrogée, il
ne faut pas que nos juges puissent nous reprocher une
défaillance.

www.ingramcontent.com/pod-product-compliance
Lightning Source LLC
Chambersburg PA
CBHW061710060726
47597CB00006B/2289